全国职业院校城市轨道交通专业教材

城市轨道交通车辆基础习题册

王玫　主编

U0899490

中国劳动社会保障出版社

简　介

本习题册是全国职业院校城市轨道交通专业教材《城市轨道交通车辆基础》的配套习题册。

本习题册根据职业院校城市轨道交通专业学生的特点，按照教材分章节编写，包括城市轨道交通车辆概述、车体、车门、转向架、车辆连接装置、电力牵引系统、制动与供风系统、空调系统，有填空题、选择题、判断题、识图题、名词解释、简答题等多种题型，供学生课后练习使用。本习题册配有参考答案，可通过中国技工教育网（http://jg.class.com.cn）下载。

本习题册由王玫任主编。

图书在版编目（CIP）数据

城市轨道交通车辆基础习题册 / 王玫主编 . -- 北京：中国劳动社会保障出版社，2021
全国职业院校城市轨道交通专业教材
ISBN 978-7-5167-4956-2

Ⅰ.①城…　Ⅱ.①王…　Ⅲ.①城市铁路－铁路车辆－高等职业教育－习题集　Ⅳ.①U27-44

中国版本图书馆 CIP 数据核字（2021）第 154566 号

中国劳动社会保障出版社出版发行
（北京市惠新东街 1 号　邮政编码：100029）
*
三河市华骏印务包装有限公司印刷装订　新华书店经销

787 毫米 ×1092 毫米　16 开本　2 印张　45 千字
2021 年 8 月第 1 版　2021 年 8 月第 1 次印刷
定价：5.00 元

读者服务部电话：（010）64929211/84209101/64921644
营销中心电话：（010）64962347
出版社网址：http：//www.class.com.cn
http：//jg.class.com.cn

版权专有　　侵权必究
如有印装差错，请与本社联系调换：（010）81211666
我社将与版权执法机关配合，大力打击盗印、销售和使用盗版图书活动，敬请广大读者协助举报，经查实将给予举报者奖励。
举报电话：（010）64954652

目　录

第一章　城市轨道交通车辆概述

一、填空题（将正确答案填在横线空白处）

1. 城市轨道交通车辆按车辆牵引动力配置不同，可分为________和________。

2. 城市轨道交通车辆车钩一般可分为三种形式，即____________、____________和________________。

3. A 型车车体宽度为____m，B 型车车体宽度为____m，C 型车车体宽度为____m。

4. 城市轨道交通车辆按车体制造材料不同，可分为____________、____________和____________。

5. 城市轨道交通车辆受电形式可分为__________受电和__________受电两类。

6. _________数量多、操作频繁，是城市轨道交通车辆至关重要的组成部件。

7. 城市轨道交通车辆制动形式包括____________、____________、____________和____________等。

8. 车辆连接装置主要包括________________和____________，一般由______、缓冲装置、__________、风挡、渡板和__________等部分组成。

9. 车辆定距是指_______________________之间的距离。

10. 最大网电流是指__________________，由牵引电动机功率决定。车辆牵引电动机功率多在__________kW。

11. 当客流情况为单向最大客运量 0.8 万人次 /h 时，若不受其他因素影响，最佳的轨道交通车辆类型为______________。

12. 当采用 6 节编组时，车辆排列为__________________________；当采用 8 节编组时，车辆排列为_________ _____________________。

13. 车厢编号由____位数字组成，前两位表示____________，第三、第四、第五位表示_________________________________，最后一位表示____________。

14. 限界是指城市轨道交通列车沿固定的轨道安全运行所需要的____________，系统内各种建筑物及设备均不能侵入____________内。

15. 低地板轻轨交通车辆具有___________、___________、___________与外形美观等优势，能够满足____________的城市公共客运交通需求。

16. 地铁系统每千米工程造价为___亿～___亿元，而轻轨交通每千米工程造价为___亿～___亿元，仅为地铁系统工程造价的__________。

17. 单轨车辆具有_____________、_____________、_____________、_____________、运行速度高、_____________、转弯曲线半径小、_____________、乘客舒适度高、视野宽

广等优势。

18．目前，我国城市轨道交通车辆发展存在的问题是：＿＿＿＿＿＿＿＿＿＿有待提高，＿＿＿＿＿＿＿＿＿＿有待发展，铝合金与不锈钢车辆有待发展，＿＿＿＿＿＿＿＿＿＿，制造质量与制造水平有待提高。

19．根据安装位置不同，城市轨道交通车辆车门可分为＿＿＿＿＿＿＿＿、司机室疏散门与＿＿＿＿＿＿＿＿。

20．单轨型车可分为＿＿＿＿＿＿＿单轨车辆与＿＿＿＿＿＿＿单轨车辆。

二、选择题（将正确答案的字母填在括号内）

1．全自动车钩的表示符号为“(　　)”。

A．－　　B．＝　　C．※　　D．*

2．城市轨道交通车辆L型车即为（　　）系列车辆。

A．钢轮钢轨　　B．直线电动机

C．内燃机　　D．电气化

3．车辆主要尺寸中，新轮直径为（　　）mm。

A．830　　B．805

C．840　　D．780

4．城市轨道交通车辆不可根据（　　）进行分类。

A．车体制造材料　　B．电压等级

C．电流等级　　D．牵引控制系统

5．城市轨道交通车辆最重要的组成部件之一是（　　）。

A．LED显示屏　　B．车内广播系统

C．轮对　　D．转向架

6．城市轨道交通车辆运营时一般采用（　　）的车辆编组。

A．多节编组　　B．拖动结合

C．单线运行　　D．二动四拖

三、判断题（正确的打“√”，错误的打“×”）

1．世界上第一条城市地下铁路在1865年出现。（　　）

2．车体结构材料最初是由不锈钢发展到铝合金。（　　）

3．第三代低地板轻轨车辆即为100%全低地板式轻轨车辆。（　　）

4．单轨车辆能耗低，运行速度低。（　　）

5．单向最大客运量为5.7万人次/h，且线路为隧道为主时，可采用B型车。（　　）

6．四轴动车设置有两台动力转向架，则轴配置可表示为B—B；六轴单铰轻轨车两端设置有两台动力转向架，中间为非动力转向架，则轴配置可表示为B—A—B。（　　）

7．列车在区间运行采取常规制动时，载客数越多，制动距离越短。（　　）

8．客车车门是日常检修中故障率最高的部件之一。（　　）

9．动车用“D”表示，拖车用“T”表示。（　　）

10．车辆牵引电动机功率多在150～200 kW。（　　）

四、名词解释

1. 地板面高度

2. 车辆限界

3. 车钩高度

五、简答题

1. 城市轨道交通车辆编组主要考虑哪些要素?

2. 简述车辆的车端和车侧的概念。

3. 简述城市轨道交通车辆的主要结构、类型和特点。

第二章　车　　体

一、填空题（将正确答案填在横线空白处）

1．车体是由________、________、________和________构成的一个长方体。

2．车辆车体结构由最初的____________逐渐演变为____________与____________的组合结构、铆接全钢结构或全焊接单壳结构。

3．城市轨道交通车辆一般为电动车组，有头车（带有司机室的车辆）和中间车，以及________与拖车之分，车体结构具有多样性。

4．车体按使用的主要材料不同，可分为__________________、__________________和__________________三种。

5．车体可以按照____________________、__________________、__________、承载方式、______________、______________、______________分类。

6．一体化结构也称______________，即将底架、侧墙、车顶和端墙采用__________焊接而成，是常见的一种车体结构。

7．侧墙由__________、__________和__________组成。

8．车顶结构包括____________、____________、____________和____________等。

9．______可以防止列车相撞时出现套车，并与底架、侧墙和车顶共同作用，防止客室受损，保证乘客安全。

10．不锈钢车体具有____________和____________等优点。

11．纯铝合金车体由______和__________制成，它们通过连续焊接等方式进行连接。

12．一般不锈钢车体自重比普通碳素钢可减轻__________。

13．铝合金材料由于采用____________及大型挤压设备，加工成本也会增加。

二、选择题（将正确答案的字母填在括号内）

1．车体长期处于激烈振动、承载量大而又不稳定等较为苛刻条件下，其总体结构形式、性能和技术经济指标取决于（　　）。

A．端墙　　B．转向架　　C．车体材料　　D．受电弓

2．城市轨道交通车辆一般为电动车组，有单节式、双节式和（　　）等。

A．三节式　　B．五节式　　C．七节式　　D．九节式

3．按照车体结构承受载荷的方式不同，车体可分为（　　）、侧墙和底架共同承载结构及整体承载结构三类。

A．转向架承载结构　　B．底架承载结构

C．钢轨承载结构　　　　　　　　　　D．侧墙承载结构

4．城市轨道交通系统对车辆的质量要求较高，特别是高架轻轨，要求列车（　　）。

A．质量重、轴重小　　　　　　　　　B．质量轻、轴重大

C．质量重、轴重大　　　　　　　　　D．质量轻、轴重小

5．车体可分为 A 型车车体、B 型车车体和 C 型车车体，其中 B 型车车体宽度为（　　）m。

A．3　　　B．2.8　　　C．2.6　　　D．2.4

6．城市轨道交通车辆一般运营于城市人口稠密地区，并用于运送乘客，所以对车辆特别是地铁车辆的（　　）要求严格。

A．防风　　　B．防火　　　C．防水　　　D．防雷

7．车体材料选择的基本要求不包括（　　）。

A．车体轻量化　　　B．车体腐蚀状况　　　C．维修管理　　　D．人为损坏

8．从车体材料制作成本来考虑，下列选项正确的是（　　）。

A．碳素钢车体 < 不锈钢车体 < 铝合金车体

B．碳素钢车体 < 铝合金车体 < 不锈钢车体

C．不锈钢车体 < 碳素钢车体 < 铝合金车体

D．不锈钢车体 < 铝合金车体 < 碳素钢车体

三、判断题（正确的打"√"，错误的打"×"）

1．风雨侵蚀、温度和湿度的变化，以及空调造成的结霜等，对车体结构的影响不大。（　　）

2．车体加工制造过程中还要考虑焊接成本，每种车体所需的焊接方式各不相同。（　　）

3．车体按载客量大小可分为 A 型车车体、B 型车车体和 C 型车车体。（　　）

4．城市轨道交通对车体的隔音和降噪没有严格要求，不需要考虑对乘客和沿线居民的影响。（　　）

5．城市轨道交通车辆一般都是采用一体化结构（整体焊接结构）。（　　）

四、识图题（将引线所指部位的名称按数字对应填在横线空白处）

1．

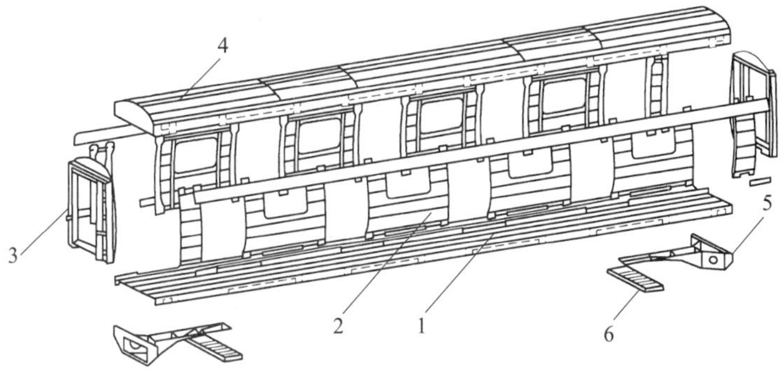

1—＿＿＿＿＿＿　　2—＿＿＿＿＿＿　　3—＿＿＿＿＿＿

4—＿＿＿＿＿＿　　5—＿＿＿＿＿＿　　6—＿＿＿＿＿＿

2.

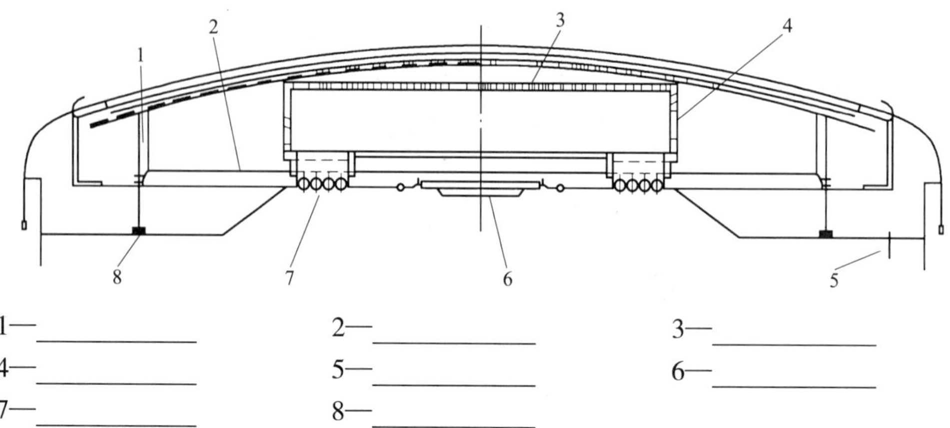

1—____________ 2—____________ 3—____________

4—____________ 5—____________ 6—____________

7—____________ 8—____________

3.

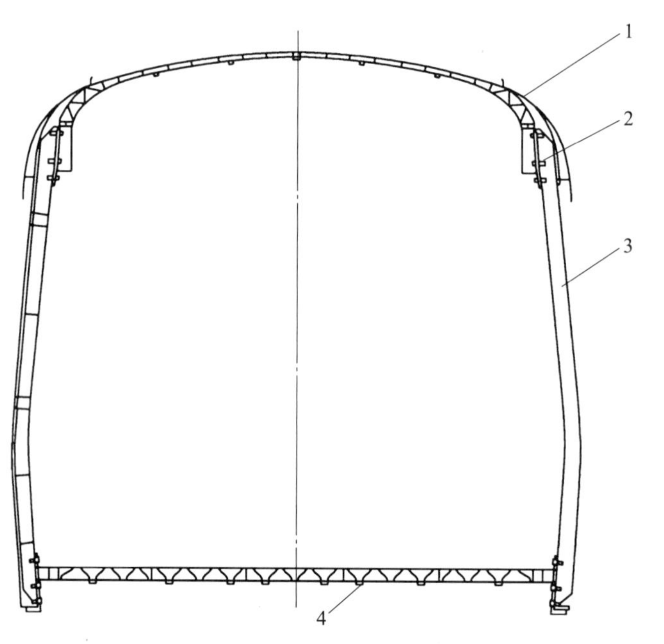

1—____________ 2—____________ 3—____________

4—____________

五、名词解释

1. 一体化结构

2．整体承载结构

六、简答题

1．简述车体的基本特征。

2．简述模块化结构的优点和缺点。

3．简述不锈钢材料、铝合金材料的特点。

第三章　车　门

一、填空题（将正确答案填在横线空白处）

1．按照车门运动轨迹及安装方式不同，客室车门可分为____________、____________和________。

2．按照功能不同，车门可分为________、________、________和________。

3．按照驱动系统的动力来源不同，客室侧门可分为________和________。

4．司机室侧门多采用一扇________，在司机室两侧墙上分别设置。

5．车门悬挂导向装置主要由________、________和________组成，导向装置由________和________组成。

6．客室车门应有足够的有效宽度，一般为____________mm。

7．一般情况下，A 型车有____对车门，B 型车有____对或____对车门。

8．客室侧门由于__________以及__________，一直是城市轨道交通车辆的重要研究领域。

9．电子门控单元包括________、________、________、________及________等。

10．整个车门系统的运动是由电子门控单元控制________驱动的。

11．紧急情况时，只有__________有效，才有可能打开车门。

12．为保证乘客的出行安全，站务人员必须掌握________及________的操作方法。

13．城市轨道交通车辆紧急疏散门主要由______、________、________、________以及________等组成。

14．紧急疏散门设置在带司机室车厢的______墙上。列车在隧道内运行时，一旦发生火灾等危险事故，司机可打开________，释放紧急疏散梯，引导乘客通过紧急疏散梯走向__________，然后向______的车站疏散。

二、选择题（将正确答案的字母填在括号内）

1．如果车门关闭时碰到障碍物，最大关门力最多持续（　　）s。

A．0.5　　B．1　　C．1.5　　D．2

2．每套车门在客室内均设有车门紧急解锁装置，在紧急情况下可由乘务人员或站务人员通过专用（　　）进行解锁操作。

A．四方钥匙　　B．八角钥匙　　C．十字钥匙　　D．三角钥匙

3．当车辆处于零速状态时，紧急操作可以通过钢丝绳实现门的机械解锁并手动开门，手动开门的力不大于（　　）N。

A．110　　B．220　　C．150　　D．450

4．如需从外部手动开门，每辆车的两个车门各配备了一个外部紧急解锁装置，采用（　　）方孔钥匙锁好。

A．5 mm×7 mm　　B．4 mm×6 mm　　C．7 mm×7 mm　　D．2 mm×4 mm

5．每节车厢每侧面各设置（　　）个外部紧急解锁装置。

A．1　　B．2　　C．3　　D．4

6．一般列车上（　　）没有印刷车厢编号或车门编号。

A．乘客报警器下方　　B．门旁扶手上方

C．车厢内连接处　　D．火灾报警器下方

7．塞拉门的机械工作原理不包括（　　）。

A．平移移动　　B．垂直移动　　C．门的锁闭　　D．塞拉运动

8．为了维护方便，电子门控单元还设有一个（　　）接口，用于实现计算机到电子门控单元的局部连接。

A．RS442　　B．RS232　　C．RS485　　D．USB

9．外挂式滑动移门与（　　）的驱动结构和工作原理相同。

A．内藏嵌入式滑动移门　　B．塞拉门

C．紧急疏散门　　D．折页门

10．下列选项中，不属于司机室侧门类型的是（　　）。

A．内藏门　　B．塞拉门　　C．折页门　　D．外挂门

11．下列选项中，不属于疏散门特点的是（　　）。

A．操作简单　　B．隔噪能力好　　C．寿命长　　D．冲击小

三、判断题（正确的打“√”，错误的打“×”）

1．当车辆处于非零速状态时，不允许车门以紧急解锁方式打开。（　　）

2．车门紧急解锁时，由乘务员通过 7 mm×7 mm 方孔钥匙打开外部紧急解锁装置手柄。（　　）

3．为便于识别、车门定位、检修、客室车厢设备定位及乘客遗落物品的找寻，城市轨道交通车辆的个别客室侧门有编号，虽然不同车辆车门编号具有差异性，但均按照相应的规则进行编号。（　　）

4．门页的编号规则如下：自 1 位端到 2 位端，沿着每辆车的左侧为由小到大的连续整数，右侧为由小到大的连续偶数。（　　）

5．当车门出现故障，站务人员需要协助司机处理时，首先必须准确找到并确认故障门的位置。（　　）

6．携门架通过滚珠直线轴承在圆导柱上滑动。（　　）

7．当车门完全关闭时，门页与车辆的外表面平齐。开门时，塞拉电动机带动机构解锁并使门系统向 45° 方向塞出后，驱动装置带动门页平行于车体侧面滑动直到完全打开位置。（　　）

8. 车门系统的锁闭原理是制动器允许电动机双向自由旋转，而限制丝杆往开门方向旋转。（　　）

四、名词解释

1. 零速度保护

2. 门隔离装置

五、简答题

1. 简述塞拉门的机械工作原理。

2. 简述客室车门的编号规则。

3. 简述车门的工作原理。

4. 如何确定车门的编号？

第四章 转 向 架

一、填空题（将正确答案填在横线空白处）

1. 转向架安装在________与________之间，用来牵引和引导车辆沿着轨道行驶和转变方向。

2. 转向架可以充分利用轮对与________之间的________作用，传递______________和______________。

3. 在列车运行过程中，因__________和________等因素会使轮对产生振动。

4. 转向架是车辆的一个________部件，在转向架与________之间应尽可能________连接件，并要求________简单、________方便，以便于________和________。

5. 按车体与转向架的连接方式不同，转向架可分为______________、____________和__________________。

6. 按制造工艺不同，构架可分为________构架和________构架。

7. 轮对是转向架的重要部件之一，也是影响车辆____________的关键部件。

8. 车轴采用________________加热锻压成型，经过__________和____________制成。

9. ______是车辆最终受力配件，它把车辆的______传给钢轨，并在钢轨上转动，完成车辆的运行。

10. 轴箱装置由________和______________组成。

11. 轴箱由__________、防尘挡板、__________及__________等部件组成。

12. 轴承主要有________轴承和________轴承两种。

二、选择题（将正确答案的字母填在括号内）

1. 按结构形式不同，构架通常分为开口式构架、封闭式构架、（　　）等。

   A．H 形构架、日字形构架　　B．S 形构架、曲线形构架

   C．焊接型构架、热锻型构架　　D．圆柱形构架、螺栓形构架

2. 制动盘通过（　　）连接在轮对上，车轮制动盘是各转向架制动装置的一部分。

   A．焊接　　B．热锻　　C．螺栓　　D．电气

3. 广州地铁 3 号线采用 ZMA120 型转向架，这是（　　）km/h 速度等级的 B 型车地铁转向架。

   A．80　　B．120　　C．150　　D．220

4. 下列选项中，不属于转向架作用的是（　　）。

   A．可以缓和来自各方向的作用

   B．保证列车沿着轨道平稳和安全地运行

C．将传动装置传递来的功率转化为列车的牵引力和速度

D．承受车辆自重和载重

5．城市轨道交通车辆转向架普遍采用（　　）结构。

A．导杆　　B．无摇枕　　C．悬架　　D．牵引拉杆

6．城市轨道交通车辆每个动车车轴上均装有一套驱动装置，其旋转电动机一般采用笼式三相异步交流电动机。交流电动机与直流电动机相比，不具备的特点是（　　）。

A．维护简单　　B．故障率高　　C．调速方便　　D．造价高

三、判断题（正确的打“√”，错误的打“×”）

1．按安装部位不同，减振器分为安装在轴箱与构架之间的一系减振器和安装在构架与车体之间的二系减振器。（　　）

2．液压减振器广泛运用于高速列车。（　　）

3．中央牵引装置包括中央牵引销、牵引销座、复合弹簧、中央牵引梁、牵引拉杆等部件。（　　）

4．城市轨道交通车辆动车的牵引电动机一般为笼式三相异步直流电动机，功率为200 kW左右。（　　）

5．牵引驱动装置联轴节是由相互啮合的内圈组成，内圈通过过盈配合压紧在电动机输出轴或齿轮箱输出轴上。（　　）

6．牵引驱动装置包括旋转电动机、联轴节、齿轮箱等。（　　）

7．转向架主要承受垂向载荷（车体施加）、纵向载荷（牵引力和制动力）、横向力（车体侧向振动和轨道施加）和自然产生的外力（风力）。（　　）

8．车体施加横向力的传递过程为车体→空气弹簧→紧急弹簧（或车体安装座→横向止挡）→轮对→钢轨。（　　）

四、识图题（将引线所指部位的名称按数字对应填在横线空白处）

1．

1—____________　　2—____________　　3—____________

4—____________　　5—____________　　6—____________

2.

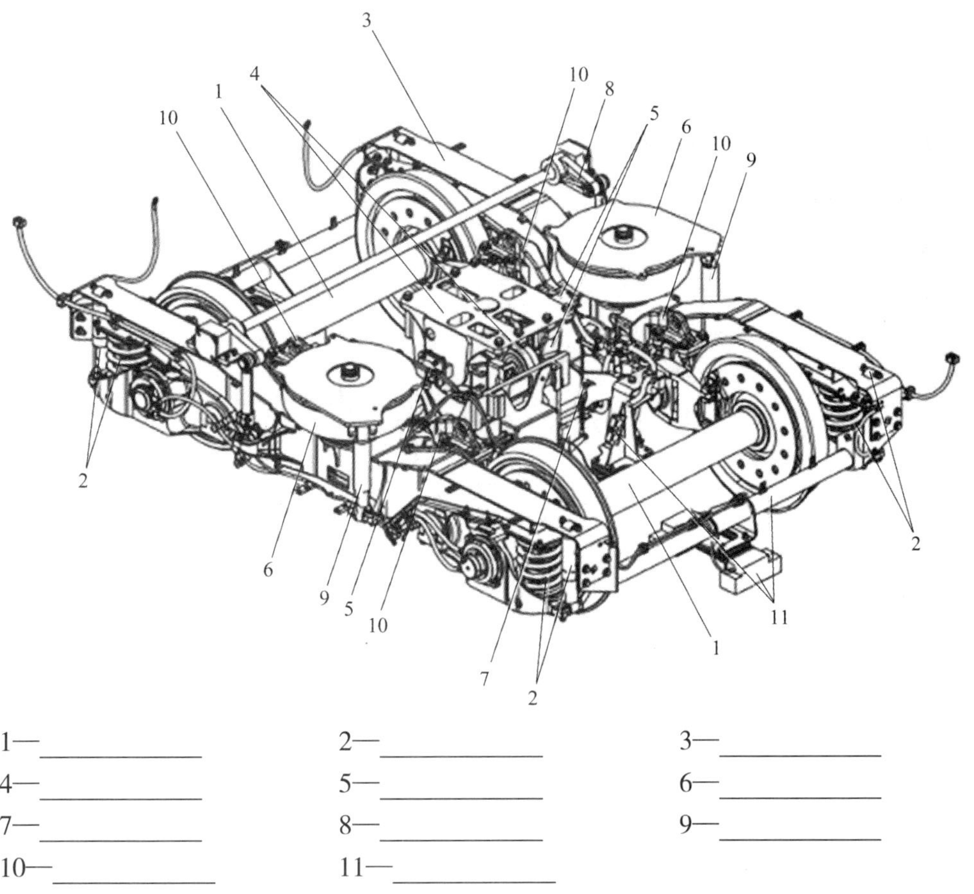

1—____________ 2—____________ 3—____________

4—____________ 5—____________ 6—____________

7—____________ 8—____________ 9—____________

10—____________ 11—____________

五、名词解释

1．一系悬挂装置

2．二系悬挂装置

3．制动夹钳

六、简答题

1．简述转向架的作用。

2．简述一系悬挂装置和二系悬挂装置的主要功能。

3．简述转向架纵向牵引力的传递过程。

4．简述高度阀的工作原理。

第五章　车辆连接装置

一、填空题（将正确答案填在横线空白处）

1．车辆连接装置主要由________________和______________两部分组成。

2．车钩缓冲装置安装于____________的两端，用来连接车辆成列。

3．车钩缓冲装置包括_______和____________两部分，________用以实现牵引连挂，____________用以缓冲牵引连挂时产生的冲击和振动。

4．按照两车钩连接后在垂直方向能否彼此发生相对位移，车钩可分为____________和____________。

5．按照牵引连挂装置的连接方式不同，刚性车钩可分为____________、________________和__________________三种。

6．全自动车钩位于编组列车_____，其电气和气路连接装置都组装在_____上。

7．半自动车钩用于____________之间的车辆连挂。

8．半永久牵引杆用于____________车辆之间的连挂，使之编组成单元。

9．缓冲装置是车钩连挂装置的重要组成部分，主要用来缓和____________。

10．________________用于列车在超速连挂或者受到强烈冲击时，使车钩脱离车体向后回退，确保车体上的防爬器能够相互咬合。

11．车钩连接装置的附属装置包括____________、____________、__________和__________________。

12．__________也称风挡装置，位于两节车厢的连接处，是两车辆通道连接的部分。

二、选择题（将正确答案的字母填在括号内）

1．（　　）的连挂和解编都需要人工完成，但一般只有在维修时才进行分解。

A．半自动车钩　　B．自动车钩

C．半永久牵引杆　　D．半永久牵引杆和半自动车钩

2．半永久性牵引杆用于（　　）之间的连挂，使之编组成单元。

A．列车单元　　B．同一单元内车辆

C．不同单元车辆　　D．列车单元同另一单元内的任一车辆

3．密接式车钩不包括（　　）。

A．全自动车钩　　B．半自动车钩

C．半永久牵引杆　　D．永久牵引杆

4．城市轨道交通车辆车钩的能量吸收装置不包括（　　）。

A．橡胶缓冲装置　　B．风管连接器

C．压溃管　　D．过载保护装置

5．车钩连接装置的附属装置不包括（　　）。

A．风管连接器　　B．电气连接器

C．车钩对中装置　　D．转向架

6．以广州地铁 9 号线为例，车辆贯通道不包括（　　）。

A．双层折棚总成　　B．安全支撑座

C．侧护板总成　　D．毛刷总成

7．下列选项中，不属于贯通道装置特点的是（　　）。

A．防漏　　B．防尘　　C．低噪　　D．防火

三、判断题（正确的打“√”，错误的打“×”）

1．刚性车钩也称为密接式车钩，城市轨道交通车辆一般均采用刚性车钩。（　　）

2．刚性车钩允许两连挂车钩存在相对位移，而且对前后的间隙要求限制在很小的范围之内。（　　）

3．非刚性车钩不允许两个相连接的车钩钩体在垂直方向上有相对位移。（　　）

4．半自动车钩可以实现机械、气路和电路的完全自动连挂和解钩，或手动解钩。（　　）

5．通常半自动车钩的钩头连接形式与自动车钩相同，但是连挂方式和锁闭方式不同。（　　）

6．半永久牵引杆用于同一单元内车辆之间的连挂，使之编组成单元。列车单元在运行过程中一般不需要分解，维修时也不用分解。（　　）

7．全自动车钩位于编组列车端部，其电气和风路连接装置都组装在钩头上。当车辆连挂时，车钩的机械、风路、电路系统都能自动连接。（　　）

8．环形橡胶缓冲器可作为车钩缓冲装置的重要部件，用来吸收车辆冲击能量。当两列车相撞时，环形橡胶缓冲器将会产生可恢复的和不可恢复的变形。（　　）

9．一列 AW0 列车以 8 km/h 速度与另一列处于停放制动状态的 AW0 列车碰撞时，车钩系统不能完全吸收冲击能量，能量吸收不可恢复，有部件损坏。（　　）

10．贯通道装置位于两节车厢的连接处，是两车辆通道连接的部分。（　　）

四、名词解释

1．全自动车钩

2．半永久牵引杆

3．贯通道装置

五、简答题

1．车钩缓冲装置主要由哪几部分组成？各有什么作用？

2．车钩分为哪些类型？简述各类型车钩的特点。

3．简述橡胶缓冲装置的工作原理。

4．简述过载保护装置的工作原理。

第六章　电力牵引系统

一、填空题（将正确答案填在横线空白处）

1. ________________是城市轨道交通车辆的动力来源，能将电能通过传输和变换后，提供给电动车组的牵引电动机，转换成机械能并驱使列车运行。

2. 城市轨道交通车辆电力牵引系统的功能主要包括__________和__________两种。

3. 牵引工况下，列车牵引系统为列车提供__________，将城市轨道交通电网上的电能转换为列车在轨道上运行的动能。

4. 制动工况可以分为________________和________________。

5. 城市轨道交通车辆的电力牵引传动与控制一般可分为______________________、__________________和______________________三类。

6. 城市轨道交通车辆电力牵引系统具有牵引功率大、______________、能源利用率高、污染小、易于实现______________的特点。

7. ______________是城市轨道交通车辆从外部电源取电的关键装置。

8. _____________是城市轨道交通车辆得以实现牵引及电制动的动力装置。

9. 牵引逆变器是交流电动列车上的重要设备，安装在列车动车底部，其主要功能是将_______电源逆变为__________交流电，并为车辆牵引电动机供电。

10. 高速断路器位于 Mp 车的高压箱内，当发生________________________时，能够迅速做出反应，将牵引设备从电网上可靠地断开。

11. 按冷却形式不同，制动电阻可分为________________和________________。

12. 辅助电源系统主要由__________、__________和__________三大部分组成。

13. ______________________用于防止来自城市轨道交通车辆外部的过电压（如雷击等）对车辆电气设备的破坏。

二、选择题（将正确答案的字母填在括号内）

1. 下列选项中，不属于城市轨道交通车辆直流传动的控制方式是（　　）。

A．凸轮变阻　　B．斩波调阻

C．斩波调压　　D．VVVF

2. IGBT 触发控制极是（　　）。

A．漏极 D　　B．源极 S

C．门极 G　　D．基极 B

3. 集电靴电压一般为（　　）V。

A．DC 500　　B．DC 750

C．AC 500　　D．AC 750

4．下列选项中，不属于辅助供电系统组成部分的是（　　）。

A．辅助逆变器　　B．集电靴

C．充电器　　D．蓄电池

5．下列选项中，不属于城市轨道交通车辆辅助电源系统供电对象的是（　　）。

A．牵引电动机　　B．牵引电动机控制单元

C．空调　　D．ATC

6．通常 6 节编组的城市轨道交通车辆设置有（　　）台辅助电源。

A．1　　B．2　　C．3　　D．5

7．辅助电源系统的供电方式不包括（　　）。

A．低压供电方式　　B．正常供电方式

C．扩展供电方式　　D．应急供电方式

8．牵引逆变器电路主要由（　　）构成。

A．输入回路　　B．逆变器单元

C．制动单元　　D．应急断路单元

9．应急供电方式是指（　　），将由蓄电池提供应急供电的方式。

A．所有辅助电源故障但电网电压未中断

B．所有辅助电源良好但电网电压中断

C．所有辅助电源同时故障或电网电压中断

D．所有辅助电源良好且电网电压未中断

三、判断题（正确的打“√”，错误的打“×”）

1．城市轨道交通车辆交流牵引电动机不需要散热。（　　）

2．牵引逆变器控制单元对门极驱动的指令是通过电信号发出的。（　　）

3．VVVF 输出是恒压恒频。（　　）

4．牵引逆变器电路主要由输入电路、逆变器单元、牵引控制单元构成。（　　）

5．受电弓是匀速升降的。（　　）

6．高速断路器并联在主电路中，牵引电路过流、短路、过载时会断开。（　　）

7．交流异步电动机转矩与电动机电压和电源频率之比的平方成正比，与转差频率成正比。（　　）

8．辅助电源系统可给牵引电动机供电。（　　）

9．现代城市轨道交通车辆的辅助逆变器采用的功率器件是 IGBT，它输出变频变压三相交流电，供空调、风扇等设备使用。（　　）

10．温度对蓄电池容量没有影响。（　　）

11．独立式蓄电池充电器不受辅助逆变器故障影响，直流供电回路可靠。（　　）

12．列车正常运行时，蓄电池处在浮充电状态。（　　）

四、识图题（将引线所指部位的名称按数字对应填在横线空白处）

1.

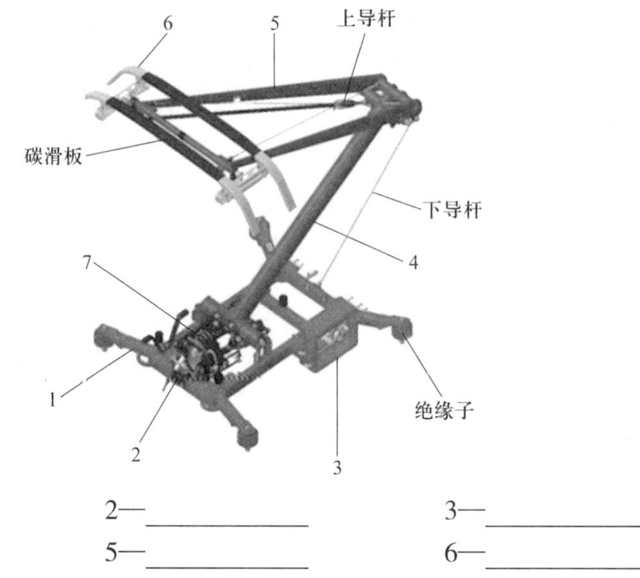

1—__________　　2—__________　　3—__________

4—__________　　5—__________　　6—__________

7—__________

2.

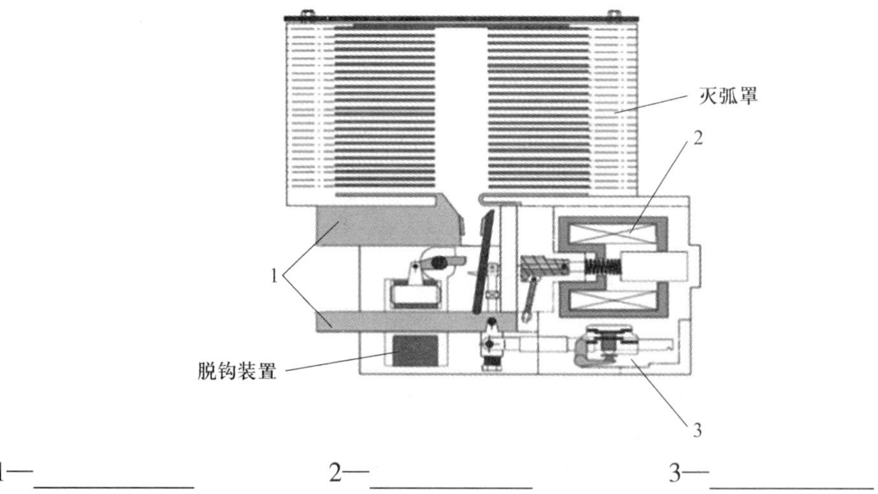

1—__________　　2—__________　　3—__________

五、名词解释

1. 牵引逆变器

2．辅助逆变器

3．电阻制动工况

六、简答题

1．城市轨道交通车辆牵引系统的主要功能是什么？

2．简述受电弓的工作原理。

第七章　制动与供风系统

一、填空题（将正确答案填在横线空白处）

1. 城市轨道交通车辆运行时，________________短，________________精确度要求高，对车辆运行速度的控制要求严格。

2. 为了使运行中的列车能迅速减速、停车，必须对其实施__________。

3. ______________是城市轨道交通车辆的重要组成部分，与牵引系统共同完成列车的运行与减速、停车。

4. 按照制动过程中列车动能的转移方式不同，可将城市轨道交通车辆的制动分为____________和__________两种方式。

5. 常见的摩擦制动方式有____________、______________和__________________。

6. 摩擦制动的原动力来自制动风缸中______________的作用力。

7. 根据产生压缩空气的方式不同，城市轨道交通车辆上常见的空气压缩机可分为__________和___________两种类型。

8. 供风系统主要由______________、空气干燥器、__________、高压安全阀和压力传感器等部件构成。

二、选择题（将正确答案的字母填在括号内）

1. 闸瓦制动、盘形制动和磁轨制动属于（　　）。

A．动力制动　　B．摩擦制动

C．非黏着制动　　D．快速制动

2. 当电制动力不足时，由（　　）迅速、平滑地补充，以确保制动力大小满足制动指令的要求。

A．电阻制动　　B．再生制动

C．摩擦制动　　D．磁轨制动

3.（　　）是空气制动的核心。

A．制动微机控制单元　　B．空气控制屏

C．空气制动控制单元　　D．基础制动装置

4. 在每根车轴上均装有（　　），每个 EP2002 阀连续接收该阀控制的转向架上的两个速度传感器的信号，以随时检测滑行，防止车轮擦伤。

A．防滑电磁阀　　B．控制中央处理器

C．速度传感器　　D．测速齿轮

5．螺杆式空气压缩机具有（　　）等优点。

A．噪声小、振动小　　B．性价比高

C．维护简单　　D．不需特殊润滑

6．城市轨道交通车辆的（　　）负责为空气制动系统和其他用风系统，包括升弓、气动车门控制、空气弹簧、风笛等装置提供压缩空气。

A．电力牵引系统　　B．制动系统

C．空调系统　　D．供风系统

7．供风系统的构成部分不包括（　　）。

A．空气压缩机单元　　B．空气干燥器

C．高压安全阀　　D．空气弹簧

8．下列选项中，不属于空气制动的是（　　）。

A．踏面制动　　B．盘形制动

C．轨道电磁制动　　D．电制动

三、判断题（正确的打“√”，错误的打“×”）

1．制动系统也称为制动装置。（　　）

2．在常用制动模式下，电制动和空气制动一般都处于激活状态。（　　）

3．为了保证列车行车安全，紧急制动操作必须由司机亲自执行。（　　）

4．与列车运动方向相反的外力都叫制动力。（　　）

5．城市轨道交通制动系统要求具有足够的制动能力，保证在规定制动距离内停车。（　　）

6．轨道交通列车制动系统中，再生制动和电阻制动不可能同时采用。（　　）

7．每列城市轨道交通列车只有一套风源系统。（　　）

8．城市轨道交通车辆优先采用电制动的方式，当电制动力不足时由空气制动迅速、平滑地补充。（　　）

9．盘形基础制动装置具有结构紧凑、制动效率高、能有效地缩短制动距离、减轻踏面磨耗及检修工作量小等优点。（　　）

10．司机操纵台上设置有压力表，用来指示主风压力值与制动缸压力值。（　　）

四、名词解释

1．电制动

2．再生制动

3．空气制动控制单元

4．双塔式空气干燥器

五、简答题

1．制动方式有哪些种类？

2．根据车辆的运行要求，简述制动系统的几种制动模式。

第八章 空调系统

一、填空题（将正确答案填在横线空白处）

1．空调系统一般具备______、______、______和______等功能，典型车辆空调与制冷装置由________、________、________、________和自动控制系统五大部分组成。

2．通风系统一般由________、________、________、______、回风口、回风道和________等组成。

3．制冷系统除压缩机、蒸发器、________和节流装置四大件外，还配有贮液器、________和________等辅助设备。

4．现代城市轨道交通车辆对空调机组的噪声要求是：在名义工况下，距空调机组____m处，空调机组整机噪声不大于______dB（A）。

5．城市轨道交通车辆空调系统一般由________、________、加热系统和________组成。

6．车辆的每节车配有两台______空调机组，安装在________；配有电气控制柜，安装在________。

7．回风口是室内再循环空气的________。正常情况下，客室内一部分空气应作为______。______与______混合前是在客室中被充分循环过的，与新风混合过滤后，通过________进入。可设置调节挡板，用于调节______和______的混合量。

8．在制冷方法中，________制冷应用最为广泛，车辆空调机组采用的是________制冷。

9．空调控制系统由________、传感器（如温度传感器、压力传感器等）和____________等组成。

10．城市轨道交通车辆空调装置中的________是安装在地铁列车、轻轨列车天棚上的通风换气装置，其作用是促进空气对流，减小客室内温度差，为乘客提供舒适的乘坐体验。

二、选择题（将正确答案的字母填在括号内）

1．制冷系统含水量正常时，空调视液镜中心部位的纸芯显示（ ）。

A．红色　B．蓝色　C．绿色　D．紫色

2．制冷时，空调各部件的启动顺序为（ ）。

A．压缩机、送风机、冷凝风机　B．压缩机、冷凝风机、送风机

C．送风机、冷凝风机、压缩机　D．冷凝风机、压缩机、送风机

3．下列关于制冷剂在空调中工作情况的描述错误的是（　　）。

A．低温低压的液体经过蒸发器变为低温低压的蒸汽

B．视液镜内颜色为黄色，说明系统含水量超标

C．常温高压的气体经过节流阀变为低温低压的液体

D．高温高压的气体进入冷凝器变为常温高压的液体

4．空气冷却系统（也称制冷系统）的作用是对车内的空气进行（　　）、减湿处理，使车内空气的温度与相对湿度保持在规定的范围内。

A．干燥　　B．降温　　C．增压　　D．通风

5．根据铁路客车空调的使用经验，在条件允许的情况下空调系统尽量使用单元式、（　　）制冷循环系统。

A．开放式　　B．半封闭式　　C．全封闭式　　D．增压式

6．加热系统的作用是对车内的空气进行（　　）。

A．加热　　B．预热和加热　　C．预热　　D．干燥

7．空气过滤器可以过滤空气中的（　　）。

A．异味　　B．水分　　C．细菌　　D．悬浮颗粒

8．VAC 即（　　）。

A．空气过滤系统　　B．空调系统　　C．制冷系统　　D．送风系统

9．每辆车的空调控制柜内均设置有（　　）、本控选择开关。

A．集控　　B．中控　　C．自控　　D．机控

10．司机室内除操纵台上的三个按钮开关之外，其他所有对空调系统的操作均通过（　　）进行。

A．KMI　　B．AMI　　C．DMI　　D．HMI

三、判断题（正确的打“√”，错误的打“×”）

1．空气加热系统通常包括空气预热器和地面空气加热器两部分。（　　）

2．现代城市轨道交通车辆空调系统都采用微处理器控制，该控制系统能够对实际故障进行诊断记录，但不能对偶发性非故障现象进行自我诊断。（　　）

3．每台空调机组包含一个压缩冷凝单元和两个空气处理单元。（　　）

4．制冷系统在充灌制冷剂前难以做到绝对干燥，总含有少量的水汽。当制冷循环系统中存在水分时，如果蒸发温度低于 0 ℃，则会在节流机构中产生冰堵，影响系统的正常运行。（　　）

5．低压压力开关的复位方式为手动复位。（　　）

6．每节车继电器柜中设有空调控制模式选择开关，能够对空调系统工作模式进行选择，或对空调系统温度进行设置。（　　）

7．为了实现整车送风均匀，城市轨道交通车辆一般采用静压风道。（　　）

8．小型轻量化是城市轨道交通车辆空调系统的显著特点。（　　）

9．安装于车辆上的空调机组可以给检修人员和维护人员一个易于检视的环境和空间。（　　）

10．室外侧通风机为直联多叶片式离心风机，可以强化冷媒在蒸发器中的蒸发过程，

并将经蒸发器冷却降温的空气或经电加热器加热升温的空气送入车内。 ( )

四、名词解释

1. 机械强迫通风方式

2. 集控模式

3. 排废装置

五、简答题

1. 简述通风系统的作用。

2. 简述空调系统的特点。

3．简述蒸气压缩式制冷循环系统的制冷过程。

4．当仅有一台辅助逆变器发生故障时，该如何处置？

5．空调系统自动化包括哪几个方面？